+Atividades
Matemática

Linos Galdonne

Nome: _____
Turma: _____
Escola: _____
Professor: _____

Dados Internacionais de Catalogação na Publicação (CIP)
(Câmara Brasileira do Livro, SP, Brasil)

Galdonne, Linos
   +Atividades: matemática, 3 / Linos Galdonne. – São Paulo: Editora do Brasil, 2016.

   ISBN 978-85-10-06136-0 (aluno)
   ISBN 978-85-10-06382-1 (professor)

   1. Matemática (Ensino fundamental) 2. Matemática (Ensino fundamental) - Atividades e exercícios I. Título.

16-04266   CDD-372.7

Índices para catálogo sistemático:
1. Matemática: Ensino fundamental 372.7

© Editora do Brasil S.A., 2016
Todos os direitos reservados

Direção-geral: Vicente Tortamano Avanso
Direção adjunta: Maria Lucia Kerr Cavalcante de Queiroz

Direção editorial: Cibele Mendes Curto Santos
Gerência editorial: Felipe Ramos Poletti
Supervisão editorial: Erika Caldin
Supervisão de arte, editoração e produção digital: Adelaide Carolina Cerutti
Supervisão de direitos autorais: Marilisa Bertolone Mendes
Supervisão de controle de processos editoriais: Marta Dias Portero
Supervisão de revisão: Dora Helena Feres
Consultoria de iconografia: Tempo Composto Col. de Dados Ltda.

Coordenação de edição: Valéria Elvira Prete
Edição: Edson Ferreira de Souza e Rodrigo Pessota
Auxílio editorial: Paola Olegário da Costa
Coordenação de revisão: Otacilio Palareti
Copidesque: Gisélia Costa e Sylmara Beletti
Revisão: Alexandra Resende e Maria Alice Gonçalves
Coordenação de iconografia: Léo Burgos
Pesquisa iconográfica: Adriana Vaz Abrão
Coordenação de arte: Maria Aparecida Alves
Assistência de arte: Carla Del Matto
Design gráfico: Estúdio Sintonia e Patrícia Lino
Capa: Maria Aparecida Alves
Imagem de capa: Charcompix/Shutterstock.com
Ilustrações: Eduardo Belmiro, Leonardo Conceição, Saulo Nunes Marques
Coordenação de editoração eletrônica: Abdonildo José de Lima Santos
Editoração eletrônica: Adriana Albano
Licenciamentos de textos: Cinthya Utiyama, Paula Harue Tozaki e Renata Garbellini
Coordenação de produção CPE: Leila P. Jungstedt
Controle de processos editoriais: Beatriz Villanueva, Bruna Alves, Carlos Nunes e Rafael Machado

1ª edição / 5ª impressão, 2025
Impresso na Hawaii Gráfica e Editora

Avenida das Nações Unidas, 12901
Torre Oeste, 20º andar
São Paulo, SP – CEP: 04578-910
Fone: + 55 11 3226-0211
www.editoradobrasil.com.br

Sumário

Números e formas 5
1. Utilização dos números 6
2. Formação de grupos 7
3. Números de 0 a 100 9
4. Figuras geométricas espaciais 11
5. Figuras geométricas planas 13

Adição e subtração 15
6. Adição e subtração 16
7. Juntando quantidades 18
8. Quanto sobra 19

Observando as formas e organizando informações ... 21
9. Simetria de figuras planas 22
10. Gráficos de barras e de colunas 23
11. Antecessor e sucessor 25
12. Números ordinais 26
13. Maior e menor 27
14. Par ou ímpar 28

Medidas e operações 30
15. Medidas de comprimento 31
16. O metro 32
17. O número 100 33
18. Juntando quantidades iguais 34
19. Multiplicação 35
20. Retomando a multiplicação 37

Adicionar, subtrair, multiplicar e dividir 38
21. Soma até 100 39
22. Adicionar e reagrupar 40
23. Subtração 42
24. Adição com mais de duas parcelas 43
25. Algoritmo da multiplicação 44
26. Multiplicação com reagrupamento ... 45
27. Divisão 47
28. Multiplicação e divisão 49

Números e medidas 50
29. Centenas, dezenas e unidades 51
30. Sequências numéricas 52
31. Divisão exata e divisão não exata 54
32. Divisão de quantias e quantidades 55
33. Medidas de massa 56
34. Medidas de tempo 57

As quatro operações fundamentais 58
35. Adição 59
36. Subtração 59
37. Multiplicação 61
38. Divisão 62
39. Adição e subtração como operações inversas 63
40. Multiplicação e divisão como operações inversas 64

Números e formas

1. Utilização dos números
2. Formação de grupos
3. Números de 0 a 100
4. Figuras geométricas espaciais
5. Figuras geométricas planas

1. Utilização dos números

1 Marque um **X** no espaço correspondente aos animais que têm peso maior que 100 kg.

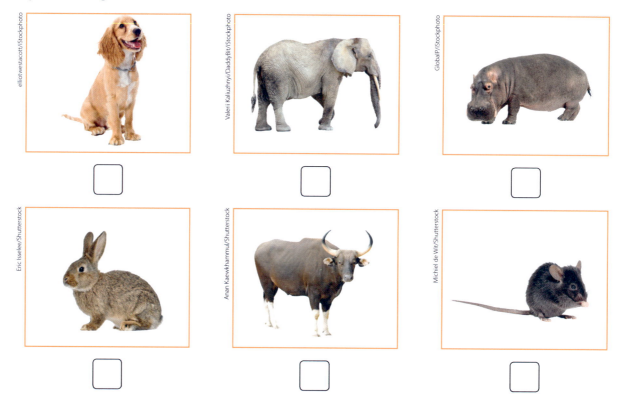

2 Complete com os números que indicam a data de hoje.

_____ / _____ / _____

3 Observe as moedas do nosso dinheiro e depois responda às questões.

a) O valor total das moedas acima é maior ou menor do que 2 reais?

_____

b) Uma pessoa tem 4 moedas de 50 centavos. Quantos reais ela possui?

_____

c) Tenho no bolso 1 moeda de 5 centavos, 1 moeda de 10 centavos e 1 moeda de 25 centavos. Posso trocar essas moedas por quantas moedas de 1 centavo?
___

4. Observe as cédulas do nosso dinheiro e depois responda às questões.

a) O valor total das cédulas acima é maior ou menor do que 200 reais?
___

b) Uma pessoa com 4 cédulas de 10 reais e 4 cédulas de 5 reais possui quantos reais?
___

c) Quais cédulas acima você juntaria para pagar uma conta de 35 reais sem receber troco?
___
___

2. Formação de grupos

1. Complete as lacunas.

a) Uma dezena de moedas de 1 real pode ser trocada igualmente por 1 cédula de _____ reais.

b) Três dezenas de moedas de 1 real equivalem a 3 cédulas de _____ reais.

c) Uma cédula de 50 reais corresponde a _____ unidades do real.

2 Escreva por extenso os números a seguir.

a) 83: _____

b) 78: _____

c) 65: _____

d) 94: _____

e) 29: _____

f) 47: _____

g) 36: _____

3 Escreva os números representados pelo Material Dourado em cada quadro.

3. Números de 0 a 100

1 Complete o quadro com os números de 50 a 99.

50				55			58	59
			64		66			69
		72		75				
			83		86			
		92		95				

2 Em relação a esses números, responda:

a) Quais são os números entre 61 e 70? _____

b) Quais têm os dois algarismos iguais? _____

c) Quais representam dezenas inteiras? _____

3 Complete cada adição e escreva o resultado por extenso. Observe o modelo.

$$70 + 8 = 78 \rightarrow \text{setenta e oito}$$

a) 50 + 3 = _____ → _____

b) 40 + 2 = _____ → _____

c) 30 + 9 = _____ → _____

d) 20 + 5 = _____ → _____

e) 80 + 6 = _____ → _____

f) 20 + 2 = _____ → _____

g) 90 + 3 = _____ → _____

h) 60 + 6 = _____ → _____

4 Descubra o segredo de cada sequência numérica e escreva os próximos números.

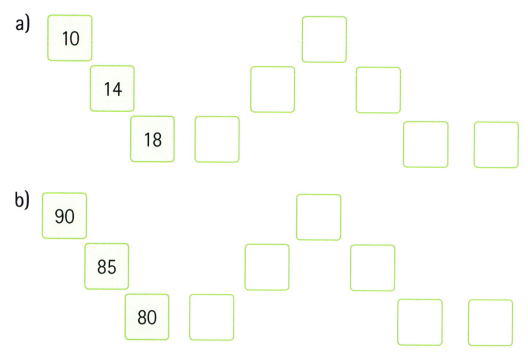

5 Complete o diagrama de palavras com os nomes das dezenas exatas de 1 até 100.

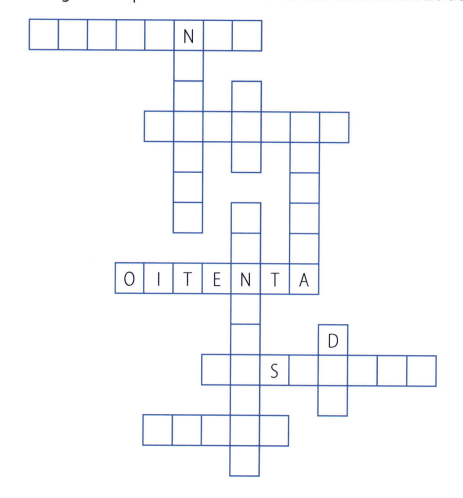

4. Figuras geométricas espaciais

1 Na representação do cubo, as faces foram divididas em quadrados de mesmo tamanho. Pinte as faces visíveis conforme as regras:
- cada quadrado da mesma face deve ter a mesma cor;
- faces diferentes devem ser pintadas de cores diferentes.

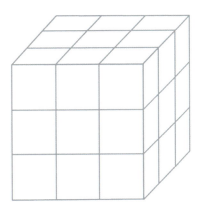

Agora, responda às questões.

a) Quantas cores diferentes foram utilizadas para pintar as faces visíveis do cubo? _____

b) Em cada face visível, quantos quadrados foram pintados com a mesma cor?
_____

c) Com exceção do quadrado maior de cada face, quantos quadrados você pintou ao todo? _____

2 Observe a seguir a representação de um paralelepípedo, também conhecido como bloco retangular. Marque com um **X** os objetos que se parecem com o paralelepípedo.

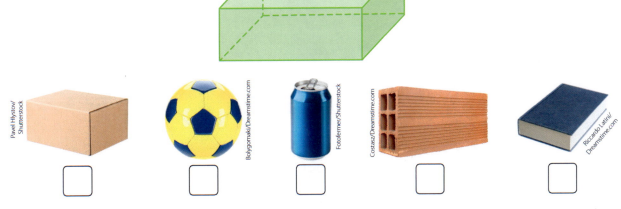

3) Márcia empilhou alguns blocos retangulares e formou um bloco retangular maior, como indicado na figura.

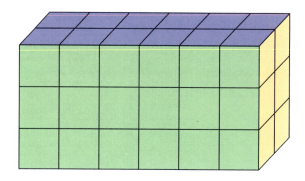

a) Quantos blocos menores foram usados para formar a face de cor verde?
_____

b) E a de cor amarela? _____

c) E a de cor roxa? _____

d) Quantos blocos Márcia utilizou no total? _____

4) Marque com um **X** a pirâmide que se parece com as pirâmides do desenho.

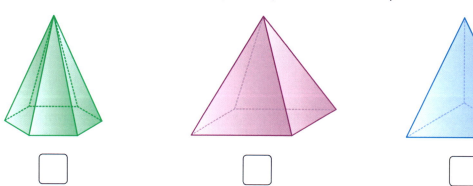

Agora pinte o desenho.

5. Figuras geométricas planas

1 Pinte o mosaico conforme a legenda.

/// triângulos   /// quadrados   /// outras formas

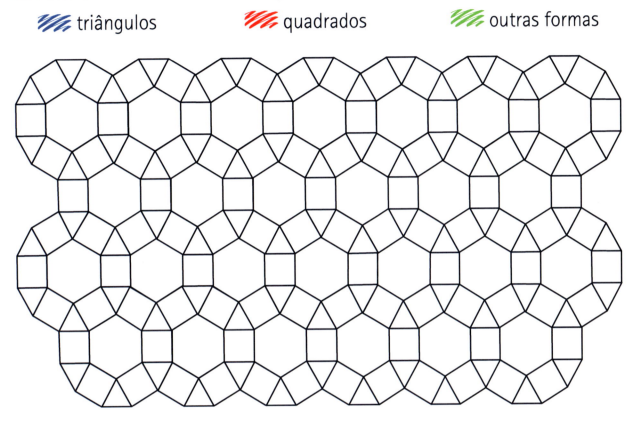

2 Com o auxílio de uma régua, crie no quadro a seguir um mosaico.

3) Pedro desenhou um quadrado, um retângulo e um triângulo na malha quadriculada da esquerda. Copie essas figuras na malha da direita usando a mesma quantidade de quadradinhos para cada figura.

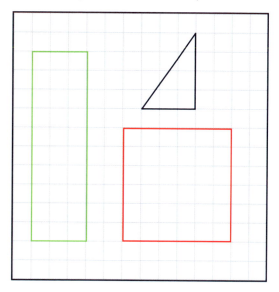

4) Pinte cada peça do Tangram com uma cor diferente. A seguir, pinte a figura formada usando as mesmas cores que você usou para colorir as peças do Tangram.

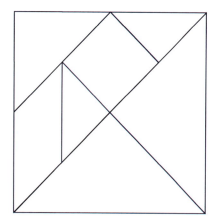
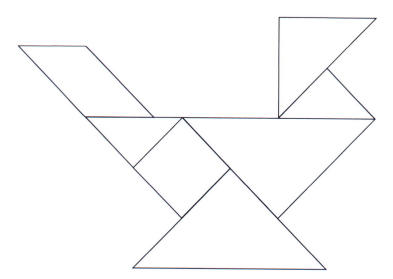

Adição e subtração

6. Adição e subtração
7. Juntando quantidades
8. Quanto sobra

6. Adição e subtração

1 Ligue com uma linha cada número da coluna da esquerda com um número da coluna da direita de modo que a soma dos dois números seja igual a 100.

a) 25　　　　　　　　　　　　　55

b) 30　　　　　　　　　　　　　75

c) 45　　　　　　　　　　　　　65

d) 40　　　　　　　　　　　　　80

e) 35　　　　　　　　　　　　　60

f) 20　　　　　　　　　　　　　70

2 Responda às questões.

a) Qual é a quantia obtida ao juntar 1 cédula de 20 reais com 1 cédula de 50 reais? _____

b) Qual é a quantia obtida ao juntar 3 cédulas de 10 reais com 2 cédulas de 5 reais? _____

c) Qual é a quantia obtida ao juntar 1 cédula de 5 reais com 2 cédulas de 20 reais? _____

d) Qual é a quantia obtida ao juntar 1 cédula de 50 reais com 4 cédulas de 2 reais? _____

3. Descubra o segredo de cada sequência numérica, escreva os próximos números e explique como a sequência é formada.

a)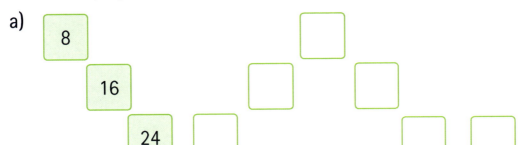

Explicação: _____

b)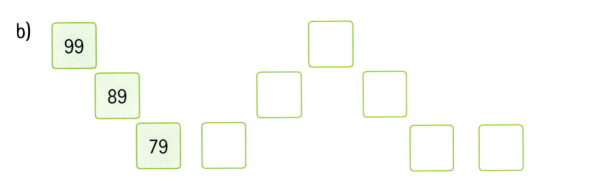

Explicação: _____

c)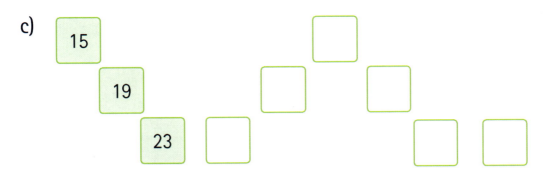

Explicação: _____

4. Complete as lacunas com o resultado das subtrações.

a) 4 – 2 = _____
   40 – 20 = _____
b) 6 – 3 = _____
   60 – 30 = _____
c) 9 – 5 = _____
   90 – 50 = _____
d) 7 – 2 = _____
   70 – 20 = _____

7. Juntando quantidades

1 Efetue as adições a seguir.

a) 22 + 34 = _____

b) 42 + 55 = _____

c) 44 + 31 = _____

d) 17 + 31 = _____

e) 21 + 65 = _____

f) 10 + 77 = _____

g) 51 + 28 = _____

h) 33 + 44 = _____

2 Complete as lacunas conforme o exemplo.

25 + 34 = 20 + 5 + 30 + 4 = 20 + 30 + 5 + 4 = 50 + 9 = 59

a) 13 + 45 = _____ + _____ + _____ + _____ = _____ + _____ + + _____ + _____ = _____ + _____ = _____

b) 41 + 57 = _____ + _____ + _____ + _____ = _____ + _____ + + _____ + _____ = _____ + _____ = _____

c) 62 + 23 = _____ + _____ + _____ + _____ = _____ + _____ + + _____ + _____ = _____ + _____ = _____

d) 47 + 52 = _____ + _____ + _____ + _____ = _____ + _____ + + _____ + _____ = _____ + _____ = _____

3 Efetue as adições mentalmente e complete as lacunas com os resultados.

a) 9 + 40 = _____

b) 25 + 50 = _____

c) 11 + 80 = _____

d) 34 + 20 = _____

e) 50 + 17 = _____

f) 23 + 60 = _____

8. Quanto sobra

1 Efetue as subtrações a seguir.

a) 72 − 31 = _____

b) 45 − 22 = _____

c) 84 − 31 = _____

d) 97 − 22 = _____

e) 88 − 65 = _____

f) 99 − 77 = _____

2 Responda às questões.

a) Dei 1 cédula de 50 reais para pagar uma compra de 10 reais. Qual foi o troco?

Resposta: _____

b) A turma tem 56 alunos e chegaram apenas 10. Quantos faltam chegar?

Resposta: _____

3. Observe os quadros com as quantias que Marta e Pedro possuem.

Quantos reais Marta tem a mais que Pedro? _____

4. Observe os dois números representados com Material Dourado por Márcia e por Antônio.

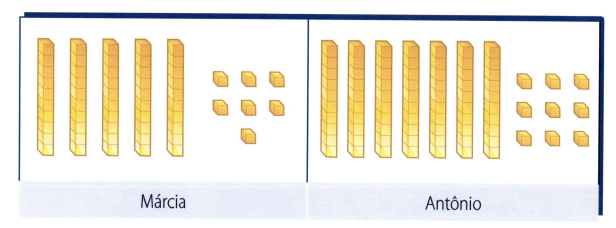

a) Quais são os números representados? _____
b) Qual deles é o maior? _____
c) O maior número é quanto a mais que o menor? _____

5. Resolva o seguinte problema.

Lucas tinha em seu bolso 50 reais e ganhou 15 reais de seu pai. Ele comprou um suco de laranja por 12 reais e um pedaço de torta por 8 reais. Quantos reais sobraram?

Resposta: _____

Observando as formas e organizando informações

9. Simetria de figuras planas
10. Gráficos de barras e de colunas
11. Antecessor e sucessor
12. Números ordinais
13. Maior e menor
14. Par ou ímpar

9. Simetria de figuras planas

1 Com uma régua, represente o eixo de simetria no desenho e depois pinte-o.

2 Pinte as figuras simétricas com a mesma cor.

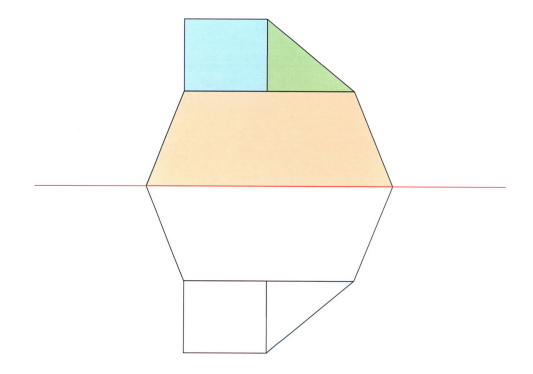

3. Na malha quadriculada a seguir, faça um desenho em que a linha tracejada em vermelho seja um eixo de simetria.

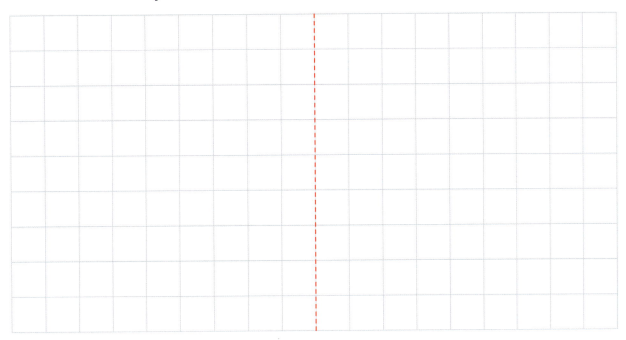

10. Gráficos de barras e de colunas

1. O gráfico de colunas a seguir indica o número de lanches vendidos na lanchonete perto da escola no primeiro semestre.

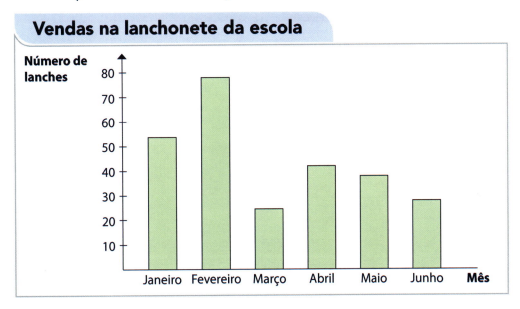

Responda:

a) Em qual mês houve maior venda? _____

b) Em qual mês houve menor venda? _____

c) Em que mês a venda foi maior que 40 lanches? _____

23

2 O gráfico de barras indica a pontuação de cinco amigos numa gincana de conhecimento.

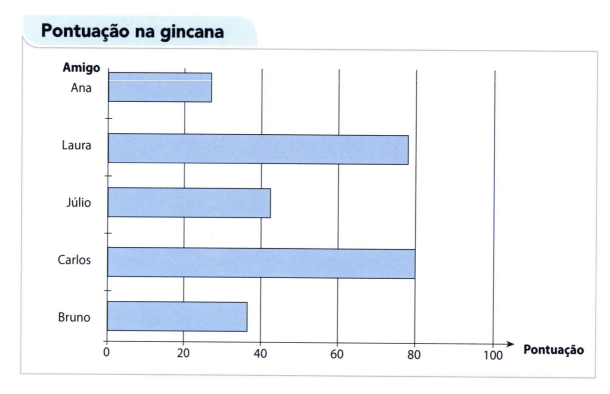

a) Qual dos amigos conseguiu mais pontos? _____
b) Quem conseguiu menos pontos? _____
c) Quem conseguiu menos do que 40 pontos? _____

3 Recorte de uma revista ou jornal um gráfico estatístico e cole no quadro a seguir.

Responda à questão:
• Qual é o assunto do gráfico? _____

11. Antecessor e sucessor

1 Complete com o nome dos meses do ano, do primeiro ao último, seguindo as setas.

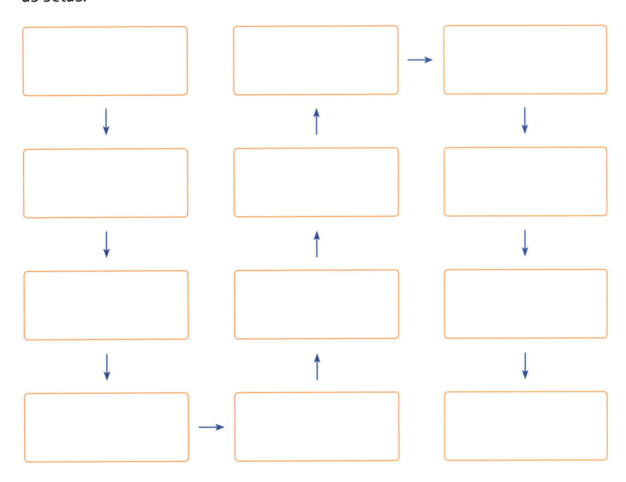

Agora responda:

a) Qual mês está entre abril e junho? _____

b) Qual é o mês antecessor de março? _____

c) Qual é o mês sucessor de julho? _____

d) Qual mês está entre maio e julho? _____

2 Escreva o antecessor e o sucessor de cada número.

a) _____, 88, _____

b) _____, 40, _____

c) _____, 76, _____

d) _____, 22, _____

e) _____, 71, _____

f) _____, 23, _____

g) _____, 14, _____

h) _____, 30, _____

12. Números ordinais

1. Escreva os números ordinais de 1 a 9 por extenso.

_____

_____

_____

2. Complete o diagrama com o nome dos números ordinais.

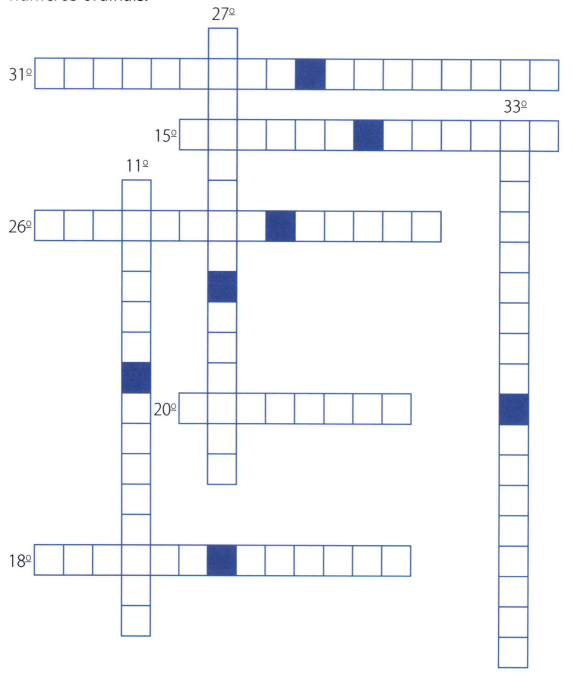

13. Maior e menor

1 Pinte de **vermelho** o edifício com mais janelas em sua fachada e de **amarelo** o outro edifício.

2 Escreva os números de 20 a 32 em ordem:

a) crescente: _____

b) decrescente: _____

3 Escreva como se lê.

a) 10 < 20 < 30

_____

b) 15 > 10 > 5

_____

4. Quatro amigos disputaram uma partida de basquete. O gráfico a seguir indica a quantidade de pontos que cada um fez. Observe-o e responda às questões.

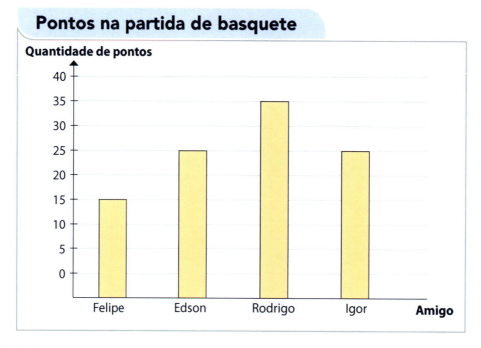

a) Qual deles fez a maior quantidade de pontos? _____

b) Quem fez a menor quantidade de pontos? _____

c) Complete com o símbolo > (maior que) ou com o símbolo < (menor que).

15 ____ 25 ____ 35   ou   35 ____ 25 ____ 15

14. Par ou ímpar

1. Complete o quadro a seguir com os números ímpares de 1 a 79.

2. Complete o quadro a seguir com os números pares de 2 a 80.

3 Ligue somente os quadros em azul cujos números, somados ao do quadro em vermelho, deem um resultado par.

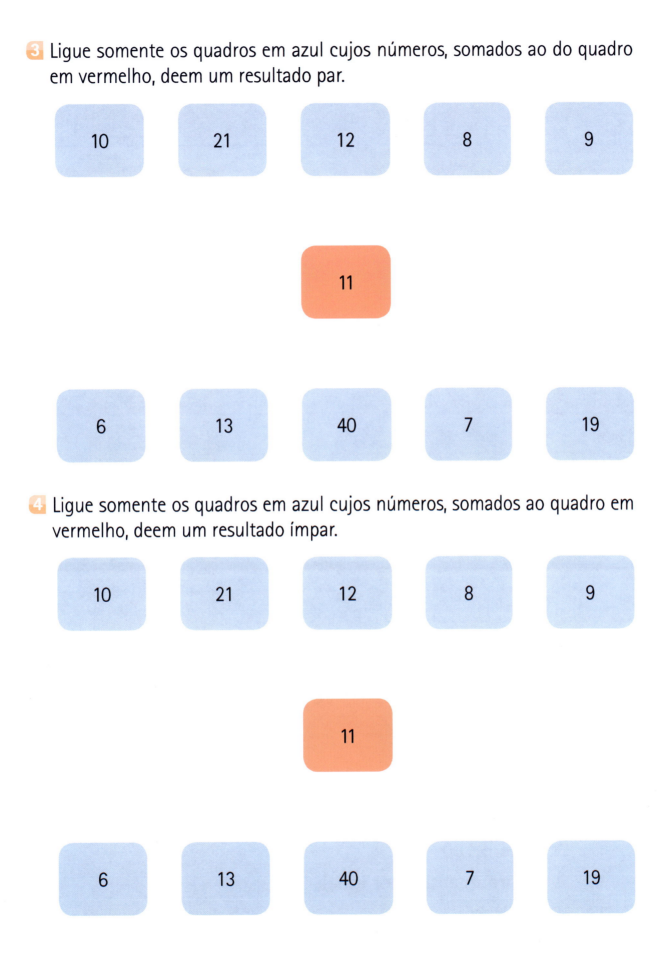

4 Ligue somente os quadros em azul cujos números, somados ao quadro em vermelho, deem um resultado ímpar.

Medidas e operações

15. Medidas de comprimento
16. O metro
17. O número 100
18. Juntando quantidades iguais
19. Multiplicação
20. Retomando a multiplicação

15. Medidas de comprimento

1 Observe a malha a seguir. Se o lado de cada quadradinho da malha mede 1 cm, qual é o comprimento de cada linha colorida?

Preta: _____. Azul-escura: _____.

Azul-clara: _____. Amarela: _____.

Laranja: _____. Roxa: _____.

2 Na malha quadriculada a seguir, o lado de cada quadradinho mede 1 cm de medida. Desenhe o que se pede.

a) 1 quadrado com os lados medindo 5 cm.

b) 1 retângulo com os lados medindo 6 cm e 4 cm.

31

16. O metro

1 Escreva as medidas a seguir em metros e centímetros. Observe o exemplo.

420 cm = 400 cm + 20 cm = 4 m + 20 cm

a) 125 cm = _____

b) 370 cm = _____

c) 233 cm = _____

d) 516 cm = _____

e) 642 cm = _____

2 Resolva os problemas a seguir.

a) Um jovem com 1 m e 75 cm de altura tem 16 anos e ainda está em fase de crescimento. Qual será a altura dele com 20 anos?

Resposta: _____

b) Um prédio tem 3 andares. Cada andar tem 3 metros e 50 centímetros de altura. Sabendo que o térreo tem 4 metros de altura, calcule a altura do prédio.

Resposta: _____

c) Os lados do retângulo a seguir medem 10 cm e 6 cm. Se você desenhar um quadrado com a mesma medida de contorno do retângulo (ou seja, com a soma das medidas dos lados), qual será a medida do lado desse quadrado?

Resposta: _____

17. O número 100

1 Pinte com a mesma cor dois quadros que tenham números cuja soma seja igual a 100.

55	22	34	20	40	72
60	90	44	15	78	56
66	28	80	85	45	10

2 Observe algumas cédulas do nosso dinheiro:

Mateus tem 200 reais na carteira, mas com cédulas de mesmo valor. Escreva todas as possibilidades de cédulas que ele tem.

_____

_____

_____

3 Complete as lacunas.

a) 1 dezena corresponde a _____ unidades.

b) 1 centena corresponde a _____ dezenas ou a _____ unidades.

18. Juntando quantidades iguais

1 Calcule e escreva o resultado das multiplicações.

3 × 0 = _____	4 × 0 = _____	5 × 0 = _____
3 × 1 = _____	4 × 1 = _____	5 × 1 = _____
3 × 2 = _____	4 × 2 = _____	5 × 2 = _____
3 × 3 = _____	4 × 3 = _____	5 × 3 = _____
3 × 4 = _____	4 × 4 = _____	5 × 4 = _____
3 × 5 = _____	4 × 5 = _____	5 × 5 = _____
3 × 6 = _____	4 × 6 = _____	5 × 6 = _____
3 × 7 = _____	4 × 7 = _____	5 × 7 = _____
3 × 8 = _____	4 × 8 = _____	5 × 8 = _____
3 × 9 = _____	4 × 9 = _____	5 × 9 = _____
3 × 10 = _____	4 × 10 = _____	5 × 10 = _____

2 Responda às questões.

a) 5 cédulas de 20 reais correspondem a quantos reais?
_____

b) 4 parcelas de 12 reais correspondem a quantos reais?
_____

c) O dobro de 35 pessoas corresponde a quantas pessoas?
_____

3 Indique com uma multiplicação o número de quadrados em cada figura.

a)

b)

_____ × _____

ou _____ × _____

_____ × _____

ou _____ × _____

19. Multiplicação

1 Ligue com uma linha as multiplicações ao resultado correspondente.

a) 3 × 7

b) 4 × 8

c) 5 × 9

d) 6 × 7

e) 9 × 3

45

27

21

42

32

2 Calcule e escreva o resultado das multiplicações.

6 × 0 = ____	7 × 0 = ____	8 × 0 = ____
6 × 1 = ____	7 × 1 = ____	8 × 1 = ____
6 × 2 = ____	7 × 2 = ____	8 × 2 = ____
6 × 3 = ____	7 × 3 = ____	8 × 3 = ____
6 × 4 = ____	7 × 4 = ____	8 × 4 = ____
6 × 5 = ____	7 × 5 = ____	8 × 5 = ____
6 × 6 = ____	7 × 6 = ____	8 × 6 = ____
6 × 7 = ____	7 × 7 = ____	8 × 7 = ____
6 × 8 = ____	7 × 8 = ____	8 × 8 = ____
6 × 9 = ____	7 × 9 = ____	8 × 9 = ____
6 × 10 = ____	7 × 10 = ____	8 × 10 = ____

3. Efetue as multiplicações.

a) 2 × 5 = _____
   2 × 10 = _____
   2 × 20 = _____

b) 3 × 4 = _____
   3 × 8 = _____
   3 × 16 = _____

c) 5 × 3 = _____
   5 × 6 = _____
   5 × 12 = _____

d) 7 × 3 = _____
   7 × 6 = _____
   7 × 12 = _____

4. Complete a tabela de multiplicação.

×	0	1	2	3	4	5	6	7	8	9	10
8								56			
9				27							
10							60				
11											
12											
13											
14											
15											

5. Responda às questões.

a) Multiplicar um número por 2 e o resultado por 3 é o mesmo que multiplicar esse número por quanto? _____

b) Multiplicar um número por 3 e o resultado por 4 é o mesmo que multiplicar esse número por quanto? _____

20. Retomando a multiplicação

1 Responda às questões.

a) Qual é o triplo de 20 reais? _____

b) O dobro de 25 anos corresponde a quantos anos? _____

c) Qual é o quádruplo de 8 metros? _____

d) E o quíntuplo de 10 quilogramas? _____

2 Descubra qual é o segredo das sequências, complete-as e explique cada uma delas.

a)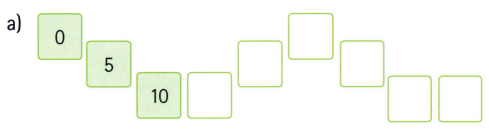

Explicação: _____

_____

b)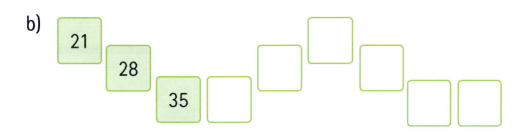

Explicação: _____

_____

c)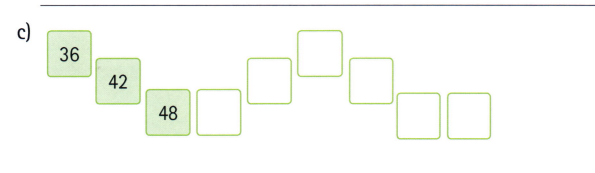

Explicação: _____

_____

Adicionar, subtrair, multiplicar e dividir

21. Soma até 100
22. Adicionar e reagrupar
23. Subtração
24. Adição com mais de duas parcelas
25. Algoritmo da multiplicação
26. Multiplicação com reagrupamento
27. Divisão
28. Multiplicação e divisão

21. Soma até 100

1 O resultado de cada adição a seguir é sempre 20. Complete as lacunas com os números que faltam.

a) 10 + _____ = 20

b) _____ + 11 = 20

c) 15 + _____ = 20

d) _____ + 13 = 20

e) 14 + _____ = 20

f) _____ + 18 = 20

g) 0 + _____ = 20

h) 1 + _____ = 20

2 Escreva o resultado das adições.

a) 20 + 9 = _____
   30 + 9 = _____
   40 + 9 = _____

b) 50 + 3 = _____
   60 + 4 = _____
   70 + 5 = _____

c) 10 + 1 = _____
   80 + 6 = _____
   90 + 8 = _____

d) 10 + 20 = _____
   20 + 30 = _____
   30 + 40 = _____

3 Responda às questões.

a) O que acontece com o resultado de uma adição quando mudamos a ordem das parcelas?

Resposta: _____

b) Qual é o número que adicionado a 25 dá o resultado 25?

Resposta: _____

c) Adicionar duas vezes 10 a um número é o mesmo que adicionar qual número?

Resposta: _____

4 Complete a tabela com o resultado das adições, conforme os exemplos.

+	1	3	5	7	9	11	13	15	17
10									
20									
30		33							
40					49				
50									
60									
70									
80									

22. Adicionar e reagrupar

1 Dê o resultado das adições.

a) 25 + 6 = _____
35 + 6 = _____
45 + 6 = _____

b) 58 + 4 = _____
68 + 5 = _____
78 + 6 = _____

c) 19 + 7 = _____
19 + 17 = _____
19 + 27 = _____

d) 28 + 23 = _____
38 + 33 = _____
48 + 43 = _____

2 Observe as quantidades de dinheiro de Luciana e Andressa.

Luciana	Andressa

• Quantos reais elas têm juntas? _____

3 Escreva o número que indica o total representado no Material Dourado.

a) _____

b) _____

c) _____
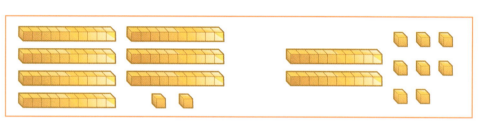

d) _____

4 Calcule cada soma utilizando o quadro valor de lugar.

a) 27 + 47 = _____

D	U

+

b) 44 + 38 = _____

D	U

+

c) 78 + 13 = _____

D	U

+

d) 18 + 66 = _____

D	U

+

23. Subtração

1 Calcule o troco em cada caso.

a) Eu tinha 20 reais e gastei 13 reais. Recebi de troco: _____.

b) Eu tinha 50 reais e gastei 29 reais. Recebi de troco: _____.

c) Eu tinha 100 reais e gastei 44 reais. Recebi de troco: _____.

d) Eu tinha 100 reais e gastei 62 reais. Recebi de troco: _____.

2 Observe quanto dinheiro Lúcia e Paulo têm e responda às questões.

a) Quantos reais Lúcia tem? _____

b) Quantos reais Paulo tem? _____

c) Quem tem a maior quantia? _____

d) Quantos reais um tem a mais do que o outro? _____

3 Escreva o resultado das subtrações.

a) 17 − 9 = _____
   27 − 9 = _____
   37 − 9 = _____
   47 − 9 = _____

b) 22 − 8 = _____
   32 − 18 = _____
   42 − 28 = _____
   52 − 38 = _____

c) 25 − 16 = _____
   35 − 16 = _____
   45 − 16 = _____
   55 − 16 = _____

d) 30 − 11 = _____
   40 − 11 = _____
   50 − 11 = _____
   60 − 11 = _____

4 Efetue as subtrações a seguir.

a) 48 − 29 = _____

b) 92 − 28 = _____

c) 78 − 33 = _____

d) 67 − 40 = _____

e) 80 − 37 = _____

f) 40 − 19 = _____

24. Adição com mais de duas parcelas

1 Em uma gincana escolar, os pontos das equipes A, B, C e D foram registrados no gráfico a seguir.

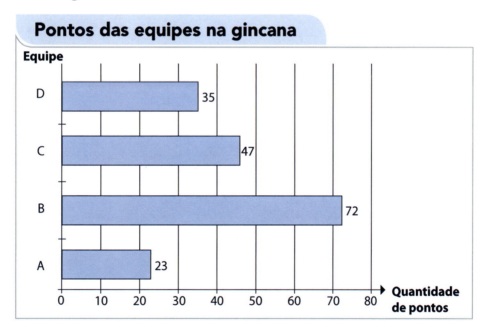

Responda:

a) Juntando os pontos das equipes A e B, quantos pontos há ao todo? _____

b) Juntando os pontos das equipes C e D, qual é o total? _____

c) O total de pontos das quatro equipes é mais de 100 ou menos de 100? _____

43

2 Efetue as adições.

a) 12 + 13 + 24 = _____

b) 19 + 20 + 30 = _____

c) 11 + 21 + 31 = _____

d) 70 + 11 + 12 = _____

e) 30 + 51 + 9 = _____

f) 15 + 25 + 30 = _____

g) 17 + 23 + 40 = _____

h) 14 + 33 + 52 = _____

25. Algoritmo da multiplicação

1 Complete as lacunas.

a) 5 cédulas de 20 reais correspondem a _____ reais.

b) 9 cédulas de 10 reais correspondem a _____ reais.

c) 7 cédulas de 5 reais correspondem a _____ reais.

d) 12 cédulas de 2 reais correspondem a _____ reais.

2 Descubra o segredo da sequência e complete-a.

3️⃣ Efetue as multiplicações utilizando o algoritmo.

a) 7 × 12 = _____

e) 4 × 17 = _____

b) 6 × 14 = _____

f) 3 × 24 = _____

c) 5 × 16 = _____

g) 5 × 15 = _____

d) 3 × 32 = _____

h) 8 × 11 = _____

26. Multiplicação com reagrupamento

1️⃣ Observe a quantia em reais e responda às questões.

a) Qual é a quantia? _____
b) Que quantia corresponde ao dobro desse valor? _____
c) E ao triplo desse valor? _____
d) E ao quádruplo desse valor? _____

45

2 Escreva o dobro de cada medida a seguir.

a) 22 cm: _____ d) 48 cm: _____

b) 44 litros: _____ e) 37 litros: _____

c) 36 kg: _____ f) 49 kg: _____

3 Efetue as multiplicações utilizando o algoritmo.

a) 2 × 12 = _____ e) 4 × 11 = _____

b) 6 × 11 = _____ f) 3 × 12 = _____

c) 5 × 10 = _____ g) 5 × 11 = _____

d) 2 × 32 = _____ h) 7 × 11 = _____

4 Descubra o segredo da sequência e complete-a com os números que faltam.

46

27. Divisão

1 Numa atividade de contagem, os 28 alunos de uma classe devem ser organizados em 4 equipes com a mesma quantidade de alunos.

a) Quantos alunos haverá em cada equipe? _____

b) Complete as lacunas com os valores corretos: _____ ÷ 4 = _____ .

2 Observe que as estrelinhas foram agrupadas igualmente em 9 quadros.

a) Quantas estrelinhas a figura tem ao todo? _____

b) Quantas estrelinhas há em cada grupo? _____

c) Agora complete as lacunas com os valores corretos:

9 × _____ = _____ e 36 ÷ _____ = _____

3 Complete as multiplicações e as divisões.

a) 7 × _____ = 35 → 35 ÷ 7 = _____

b) 9 × _____ = 81 → 81 ÷ 9 = _____

c) 6 × _____ = 42 → 42 ÷ 6 = _____

d) 4 × _____ = 36 → 36 ÷ 4 = _____

e) 8 × _____ = 48 → 48 ÷ 8 = _____

f) 3 × _____ = 33 → 33 ÷ 3 = _____

g) 5 × _____ = 40 → 40 ÷ 5 = _____

h) 10 × _____ = 70 → 70 ÷ 10 = _____

4 Observe a quantia do quadro a seguir.

Calcule quanto cada pessoa receberá se dividirmos igualmente 80 reais por:

a) 2 pessoas: _____

b) 4 pessoas: _____

c) 8 pessoas: _____

d) 10 pessoas: _____

e) 5 pessoas: _____

28. Multiplicação e divisão

1 Encontre o resultado das multiplicações por 7 e por 9 e use-os para efetuar as divisões.

a) Multiplicação por 7:

7 × 3 = _____   7 × 6 = _____

7 × 4 = _____   7 × 7 = _____

7 × 5 = _____   7 × 8 = _____

Divisão:

_____ ÷ 7 = 3   _____ ÷ 7 = 6

_____ ÷ 7 = 4   _____ ÷ 7 = 7

_____ ÷ 7 = 5   _____ ÷ 7 = 8

b) Multiplicação por 9:

9 × 3 = _____   9 × 6 = _____

9 × 4 = _____   9 × 7 = _____

9 × 5 = _____   9 × 8 = _____

Divisão:

_____ ÷ 9 = 3   _____ ÷ 9 = 6

_____ ÷ 9 = 4   _____ ÷ 9 = 7

_____ ÷ 9 = 5   _____ ÷ 9 = 8

2 Utilize subtrações sucessivas para efetuar as divisões a seguir.

a) 96 ÷ 12 = _____   b) 75 ÷ 15 = _____

3 A quantia de 99 reais será dividida igualmente entre 3 irmãs. Quanto cada uma receberá?

Resposta: _____

Números e medidas

29. Centenas, dezenas e unidades
30. Sequências numéricas
31. Divisão exata e divisão não exata
32. Divisão de quantias e quantidades
33. Medidas de massa
34. Medidas de tempo

29. Centenas, dezenas e unidades

1 Observe as representações do Material Dourado e escreva o total de cubinhos de cada uma delas.

a)

| Quantidade | _____ | _____ | _____ |

Total de cubinhos: _____.

b)

| Quantidade | _____ | _____ | _____ |

Total de cubinhos: _____.

c)

| Quantidade | _____ | _____ | _____ |

Total de cubinhos: _____.

d)

| Quantidade | _____ | _____ | _____ |

Total de cubinhos: _____.

2 Observe a decomposição do número 245 e a forma como o escrevemos por extenso.

$$245 = 200 + 40 + 5 \longrightarrow \text{duzentos e quarenta e cinco}$$

Decomponha os números a seguir e escreva-os por extenso.

a) 543 = _____

b) 674 = _____

c) 829 = _____

d) 758 = _____

3 Efetue as adições a seguir.

a) 900 + 30 + 8 = _____

b) 400 + 50 + 6 = _____

c) 200 + 70 + 4 = _____

d) 700 + 70 + 1 = _____

e) 300 + 90 + 8 = _____

f) 500 + 10 + 9 = _____

30. Sequências numéricas

1 Componha o quadro valor de lugar de acordo com cada número e escreva o número por extenso.

a) 479

C	D	U

_____

b) 388

C	D	U

_____

c) 937

C	D	U

_____

d) 541

C	D	U

_____

2 Complete o quadro com a sequência de 451 a 510.

451									
			464						
									480
				485					
		492							
						507			

3 Descubra o segredo de cada sequência e complete-as.

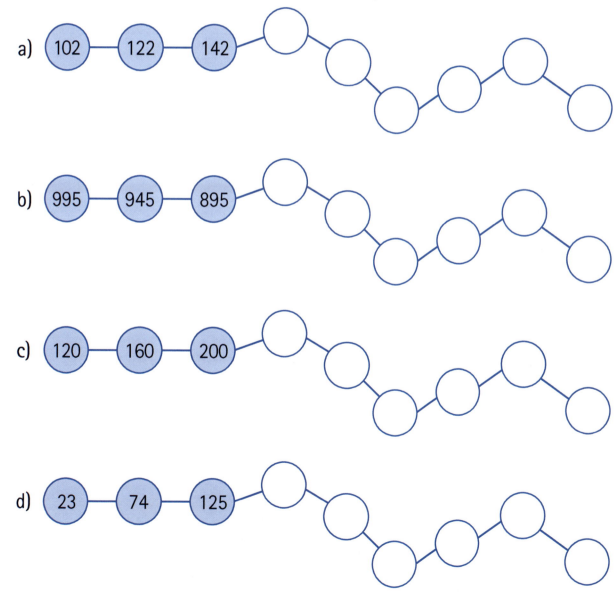

a) 102 — 122 — 142 — ○ — ○ — ○ — ○ — ○

b) 995 — 945 — 895 — ○ — ○ — ○ — ○ — ○

c) 120 — 160 — 200 — ○ — ○ — ○ — ○ — ○

d) 23 — 74 — 125 — ○ — ○ — ○ — ○ — ○

31. Divisão exata e divisão não exata

1 Responda às questões.

a) Quando uma divisão é exata?
_____

b) Na divisão de 29 por 9 a divisão é exata ou não exata?
_____

2 Utilize as tabuadas para efetuar as divisões a seguir. Informe qual é o quociente e qual é o resto.

a) Na divisão de 25 por 8 o quociente é _____ e o resto é _____.

b) Na divisão de 34 por 7 o quociente é _____ e o resto é _____.

c) Na divisão de 44 por 6 o quociente é _____ e o resto é _____.

3 Resolva os problemas a seguir.

a) A quantia de 62 reais foi dividida igualmente entre 5 pessoas. Essa quantia estava em um cofrinho, que tinha apenas moedas de 1 real. Quantos reais coube a cada pessoa?

Resposta: _____
_____

b) Um pai queria dividir a quantia de 55 reais igualmente entre os 3 filhos, mas percebeu que a divisão não seria exata. Qual é o valor mínimo que ele precisa acrescentar para que a quantia destinada a cada filho seja exata? Quanto cada filho receberá após esse acréscimo?

Resposta: _____

32. Divisão de quantias e quantidades

1 Utilizando somente cédulas de 10 reais e moedas de 1 real, explique como dividir as quantias de:

a) 46 reais entre 2 pessoas.
_____
_____

b) 84 reais entre 4 pessoas.
_____
_____

c) 55 reais entre 5 pessoas.
_____
_____

d) 36 reais entre 3 pessoas.
_____
_____

e) 60 reais entre 6 pessoas.
_____
_____

f) 99 reais entre 9 pessoas.
_____
_____

2 Complete as lacunas.

Na divisão de:

a) 28 por 5 o quociente é _____ e o resto é _____.

b) 65 por 6 o quociente é _____ e o resto é _____.

c) 43 por 4 o quociente é _____ e o resto é _____.

d) 78 por 7 o quociente é _____ e o resto é _____.

e) 100 por 8 o quociente é _____ e o resto é _____.

f) 62 por 9 o quociente é _____ e o resto é _____.

33. Medidas de massa

1 Complete com a quantidade de massa que falta para chegar a 1000 gramas.

a) (350 + _____) g = 1000 g

b) (220 + _____) g = 1000 g

c) (490 + _____) g = 1000 g

d) (850 + _____) g = 1000 g

e) (440 + _____) g = 1000 g

2 Resolva os problemas.

a) Lúcia comprou 5 kg de açúcar em pacotes de 500 gramas. Quantos pacotes ela comprou?

Resposta: _____

b) Marcos queima 50 calorias ao subir as escadas de seu prédio. Se ele subir 4 vezes as escadas em um dia, quantas calorias ele queimará?

Resposta: _____

3 Responda às questões.

a) Uma xícara de café pesa mais ou menos de 1 kg? _____

b) Uma caneta esferográfica pesa mais ou menos de 100 gramas? _____

c) Um sofá pesa mais ou menos de 1 kg? _____

d) Um automóvel pesa mais ou menos de 100 kg? _____

34. Medidas de tempo

1 Observe os horários em uma mesma manhã.

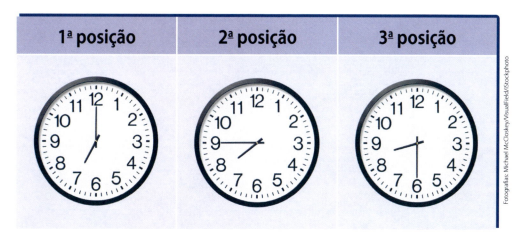

a) Qual é o horário indicado na 1ª posição? _____

b) Qual é o horário indicado na 2ª posição? _____
_____

c) E na 3ª posição? _____
_____

d) Quantos minutos se passaram da 1ª para 2ª posição? _____

e) E da 2ª posição para a 3ª posição? _____

2 Observe os dois momentos de um relógio digital numa mesma tarde.

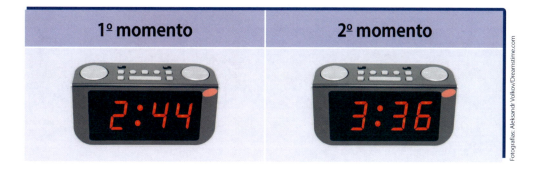

a) Qual é o horário indicado no 1º momento? _____

b) Qual é o horário indicado no 2º momento? _____

c) Quantos minutos se passaram do 1º momento para o 2º momento?
_____

As quatro operações fundamentais

35. Adição
36. Subtração
37. Multiplicação
38. Divisão
39. Adição e subtração como operações inversas
40. Multiplicação e divisão como operações inversas

35. Adição

1 Faça as adições mentalmente e escreva os resultados.

a) 300 + 60 + 8 = _____

b) 200 + 70 + 2 = _____

c) 800 + 20 + 6 = _____

d) 500 + 50 + 4 = _____

2 Efetue as adições utilizando o quadro valor de lugar.

a)

C	D	U
1	2	3
+ 2	4	5

b)

C	D	U
4	0	5
+ 2	5	4

c)

C	D	U
6	1	6
+ 1	2	7

d)

C	D	U
3	6	9
+ 5	2	8

36. Subtração

1 Efetue as subtrações.

a) 9 − 5 = _____
   90 − 50 = _____
   900 − 500 = _____

b) 8 − 3 = _____
   80 − 30 = _____
   800 − 300 = _____

c) 6 − 3 = _____
   60 − 30 = _____
   600 − 300 = _____

d) 9 − 2 = _____
   90 − 20 = _____
   900 − 200 = _____

2 Responda às questões.

a) Quanto falta para 500 reais, se tenho 300 reais? _____

b) Quanto falta para 750 reais, se tenho 250 reais? _____

c) Quanto falta para 980 reais, se tenho 580 reais? _____

d) Quanto falta para 880 reais, se tenho 500 reais? _____

3 Efetue cada subtração utilizando o quadro valor de lugar.

a) 933 − 287 = _____

C	D	U

b) 745 − 398 = _____

C	D	U

4 Resolva os problemas.

a) Marcos tinha 900 reais. Gastou 350 reais no supermercado e 75 reais na farmácia. Quantos reais ele ainda tem?

Resposta: _____

b) Em uma compra de produtos elétricos, Antônio gastou 268 reais. Ele pagou a conta com 2 cédulas de 50 reais e 2 cédulas de 100 reais. Qual foi o troco?

Resposta: _____

37. Multiplicação

1 Escreva o resultado das multiplicações.

a) 3 × 4 = _____

3 × 40 = _____

b) 8 × 7 = _____

8 × 70 = _____

c) 9 × 9 = _____

9 × 90 = _____

d) 5 × 6 = _____

5 × 60 = _____

2 Calcule os produtos a seguir utilizando o algoritmo.

a) 4 × 235 = _____

b) 5 × 197 = _____

c) 7 × 98 = _____

d) 8 × 106 = _____

e) 9 × 94 = _____

f) 6 × 163 = _____

g) 3 × 229 = _____

h) 2 × 396 = _____

38. Divisão

1 Pinte da mesma cor os quadros em que o resultado da divisão é o mesmo.

| 700 ÷ 10 | 800 ÷ 8 | 350 ÷ 10 | 70 ÷ 2 | 90 ÷ 3 |

| 100 ÷ 5 | 600 ÷ 20 | 70 ÷ 1 | 320 ÷ 10 | 9 ÷ 1 |

| 64 ÷ 2 | 300 ÷ 10 | 60 ÷ 2 | 400 ÷ 4 | 40 ÷ 2 |

• Indique a divisão do quadro que não foi colorido: _____

2 Efetue as divisões e escreva o resultado.

a) 980 ÷ 4 = _____

b) 834 ÷ 3 = _____

c) 365 ÷ 5 = _____

d) 847 ÷ 7 = _____

e) 594 ÷ 6 = _____

f) 904 ÷ 4 = _____

g) 951 ÷ 3 = _____

h) 860 ÷ 5 = _____

39. Adição e subtração como operações inversas

1 Resolva os problemas a seguir.

a) Marcos recebeu 120 reais de uma venda feita pela manhã e 340 reais de outra venda feita à tarde. Gastou 242 reais com compras no supermercado. Quanto ele tem agora?

Resposta: _____

b) No 1º semestre havia 320 alunos na escola e no segundo semestre ingressaram outros 70 alunos. Considerando que houve 35 desistências ao longo do ano, qual é o total de alunos da escola?

Resposta: _____

c) Com mais 125 reais eu consigo comprar um terno de 399 reais. Quanto tenho?

Resposta: _____

2 Resolva as operações indicadas.

a) 345 + 277 = _____

b) 995 − 286 = _____

c) 509 + 418 _____

d) 853 − 462 = _____

40. Multiplicação e divisão como operações inversas

1 Efetue mentalmente as multiplicações a seguir.

a) 6 × 3 = _____
   60 × 3 = _____

b) 7 × 4 = _____
   7 × 40 = _____

c) 5 × 7 = _____
   50 × 7 = _____

d) 9 × 4 = _____
   90 × 4 = _____

2 Efetue as divisões mentalmente.

a) 6 ÷ 3 = _____
   60 ÷ 3 = _____

b) 28 ÷ 4 = _____
   280 ÷ 4 = _____

c) 35 ÷ 5 = _____
   350 ÷ 5 = _____

d) 36 ÷ 4 = _____
   360 ÷ 4 = _____

e) 72 ÷ 8 = _____
   720 ÷ 8 = _____

f) 4 ÷ 4 = _____
   40 ÷ 4 = _____

3 Responda às questões.

a) Qual é o total de quatro parcelas de 120 reais?

Resposta: _____

b) O dobro do triplo de 50 reais dá um total de quantos reais?

Resposta: _____

c) Que valor obtemos ao dividir 450 reais em 5 parcelas iguais?

Resposta: _____

d) Qual distância é a metade do triplo de 300 metros?

Resposta: _____